M. BASILEA SCHLINK

ZWIESPRACHE
MIT DEM LEBENDIGEN GOTT

ISBN 3-87209-331-2

1. Auflage 1995

© Verlag Evangelische Marienschwesternschaft
Darmstadt-Eberstadt, 1995
Alle Rechte vorbehalten – Printed in Germany

Bibelzitate (außer Jesaja 49,23) Lutherbibel, revidierter
Text 1984, mit Genehmigung
der Deutschen Bibelgesellschaft, Stuttgart

M. Basilea Schlink

ZWIESPRACHE MIT DEM LEBENDIGEN GOTT

Evangelische Marienschwesternschaft
Darmstadt-Eberstadt

INHALT

AM ABEND

Gelobt
sei Gott,
der mein
Gebet
nicht verwirft
noch seine
Güte von mir
wendet.

Psalm 66/20

Nimm den
Kontakt mit
Gott auf,

und du bist
angeschlossen
an die ewige Freude,
das wahre göttliche Leben,
das in dein Herz
strömt.

Versäume an
keinem Tag, durch das

OFFENE TOR

des Gebets zu
Gott zu gehen.
Suche täglich den
Herrn, und Er wird dir
täglich antworten.

HERR,
frühe wollest du
meine Stimme hören,
frühe will ich mich
zu dir wenden und
aufmerken.

Psalm 5,4

Mit Gebet in den Tag

Je - sus, Du schön - ste, rein - ste Freud, Je - sus, Dein Na - me ist sü - ßes Ge - läut, klingt mir im Her - zen bei Tag und bei Nacht, Dein Na - me ist es, mit dem ich er - wach, Dein Na - me ist es, mit dem ich er - wach.

Jesus, Dein Name Freudenklang ist;
wo Du genannt wirst, da selber Du bist.
Du nimmst das Herze zur Wohnung Dir ein;
wer sollt ein lieberer Gast mir wohl sein?
Wer sollt ein lieberer Gast mir wohl sein?

Dich lieben ist mein Leben allhier,
Sinnen und Denken gehöret nur Dir.
Du bist die Liebe des Herzens mein,
und ich selbst darf so geliebet nun sein,
und ich selbst darf so geliebet nun sein.

Aus meinem Herzen klinge es schön,
bis Dich noch viele erkennen und sehn
und Dich erwählen zum Schatz und zur Kron,
droben dann erben mit Dir auch den Thron,
droben dann erben mit Dir auch den Thron.

Jesus,
DU SOLLST ES SEIN!

Dir rede und für Dich arbeite ich.
Mit Dir will ich alles
durchdenken und entscheiden.
Nichts sei ohne Dich getan,
auf daß Du nicht der
Hinausgestoßene seist.
Binde mich jetzt fest an Dich,
daß während des Tages
nichts uns scheiden kann,
keine Arbeit, keine Last, kein
anderes Interesse, keine Freude –
daß ich immerdar lebe
in Deiner heiligen Gegenwart:

DENN DU BIST DA!

Dir sei heut der Tag ge-wei-het,
Du mein Her-re Je-sus Christ,
mag er brin-gen Not und Lei-den,
wenn nur Du ge-prie-sen wirst.

Schenke mir dazu die Gnade,
Du mein liebster Bräutigam,
daß ich Dich auf meinem Pfade
strahle aus, Du Gotteslamm.

Höre Du mein einzig Flehen,
daß die Prüfung ich besteh
und auf jedem schweren Wege
man an mir Dein Bilde seh;

daß verherrlicht werd Dein Name,
der Du so verlästert bist,
weil ich mich in jeder Lage
beweis als Deine Braut, Herr Christ.

BETEN HEISST:

über alles,
was uns
von morgens
bis abends
beschäftigt,

MIT JESUS REDEN.

Verliere dich nicht
im Alltag in deine Arbeit,
deine Geschäfte –
verliere dich in deiner
Arbeit mit deinem
innersten Herzen an Gott,
indem du in Seiner
Gegenwart lebst, in Ihm bleibst –
und deine Arbeit folgt
dir in die Ewigkeit nach,
und du erntest aus
ihr reiche Frucht.

Er selbst, der Vater, hat euch lieb.

BETEN HEISST:

als Kind
zum Vater eilen –
zugleich bitten
und empfangen,
Ihn lieben und
Ihm danken –

welch glückseliges
Tun.

MEIN VATER

ich danke Dir, daß Du ein Vater bist,
der sich jede Bitte anhört,
sie in Seinem Herzen bewegt
und gewiß darauf antwortet.
Ich danke Dir, daß Du mich aufforderst
und ermutigst zu bitten,
weil Du so gerne schenkst.
Ich freue mich, mein Vater,
daß Du mir damit sagst, wie gerne Du es hast,
wenn ich oft zu Dir komme
und Dir alle meine Anliegen bringe.
Ja, Dir ist es eine Lust,
uns, Deine Kinder, zu beschenken,
uns Gutes zu tun, uns Freude zu bereiten.

Du machst mich durch Dein väterlich
gütiges Auffordern kühn im Bitten
und wirst mich nicht enttäuschen –
wie ein wahrer Vater sein Kind nicht
enttäuschen kann;
und unser Herr Jesus hat uns selber gesagt:

Wer ist unter euch Menschen,
der seinem Sohn, wenn er ihn bittet
um Brot, einen Stein biete?

An dieses Wort halte ich mich.
Und wenn ich auf meine Bitten hin
anscheinend erst einen Stein
in meinen Händen halte, so weiß ich:
Es wird ein Brot daraus.
Ich will nur wie ein rechtes Kind
demütig auf Deine Stunde warten.
Sie kommt gewiß, wenn Du mich bereitet hast,
daß ich, ohne Schaden zu leiden,
Dein Geschenk empfangen kann.
So danke ich Dir jetzt schon für Deine
große Liebe, die mir, Deinem Kind,
kein Gutes mangeln läßt,
mich auf grüner Aue führt immerdar.   Amen.

Ich rufe und singe, durch Lüfte es klinge: Gott Vater ist Liebe, ist Liebe, ist Lieb. Ein Herz ist nur Güte, ein Herz ist nur Liebe, das Herze Gott Vaters, der mein Vater ist.

Ich rühme und singe, bis wieder es klinge
aus vielen Herzen der Kinder voll Sünd:
Ein Herz ist nur Güte, ein Herz ist nur Liebe,
das Herze Gott Vaters, der mein Vater ist!

Ich jauchze und singe, das All es durchdringe:
Gott Vater ist Liebe, ist Liebe, ist Lieb!
Ein Herz ist nur Güte, ein Herz ist nur Liebe,
das Herze Gott Vaters, der mein Vater ist.

Ich preise ohn Ende, bis alle Welt wende
dem Herzen des Vaters sich zu in der Lieb,
Ihn alles bekennet, Gott Vater nun nennet
und preiset Gott Vater, der Lieb ist, nur Lieb.

Gott will gebeten sein, denn er schenkt so gern.

GRÜNE ALMEN,
HOHE WIPFEL,
SCHNEEBEDECKTE
EWGE GIPFEL
RAGEN AUF IN
SCHÖNHEIT HEHR,
PREISEN GOTTES
GROSSES TUN,
DAS DIE MENSCHEN
NICHT LÄSST RUHN,
GOTT ZU GEBEN
PREIS UND EHR.

MEIN VATER Du liebst mich und denkst allezeit an mich.

MEIN VATER Du erhörst mein Gebet um Jesu willen.

MEIN VATER Du vergibst mir um Jesu willen.

MEIN VATER Du führst alle meine Wege zu wunderbarem Ziel.

MEIN VATER Du hast einen Ausweg in meiner Not.

MEIN VATER Du bist ein Gott, der Wunder tut – auch heute.

MEIN VATER Du vermagst jede Lage zu wandeln, Dir ist nichts unmöglich.

Ge - bet der Sei - nen vol - ler Kraft,

dar - in liegt al - le Got - tes - macht,

zu spren - gen ei - sern To - re.

Ge - bet des Glau - bens alls ver - mag,

ver - wan - delt Not und je - de Plag

in ei - nen Lie - bes - gar - ten.

Gebet beweget Gottes Arm,
daß Er sich Seiner Kind erbarm
und sendet ihnen Hilfe.
Wer bittet den, der voller Kraft,
der Erd und Himmel hat gemacht,
dem kann wahrlich nichts fehlen.

Noch keiner je zu Schanden ward,
der auf des Herren Hilf geharrt,
Er steht zu Seinem Worte.
Er ruft, was fehlet, bald herbei
und muß von Not uns machen frei,
Er liebet Seine Kinder.

Das Beten durch die Wolken dringt,
des Vaters Arm uns Hilfe bringt
in Seinem eignen Sohne.
Er wendet Dinge, Menschen bald,
das Amen durch die Lüfte schallt,
Er tut nach Seinem Worte.

Drum, Beter, stellt euch auf Sein Wort,
das ist Verheißung, fester Hort,
Gott muß es denn einlösen!
Schwingt im Gebet die Glaubensfahn,
und wenn der Feind sich uns will nahn,
flieht er erschreckt von dannen!

Wir glauben Seiner Hilf gewiß,
denn keiner je die Güt ermißt
unsres himmlischen Vaters.
Ihm ist es Lust, uns Guts zu tun,
drum nimmer, nimmer kann Er ruhn,
bis daß uns Hilfe werde.

DAS GEBET

ist eine Möglichkeit
sondergleichen ;
denn durch das Gebet
können wir
alles verwandeln,
Menschen, Dinge, Nöte,
Verhältnisse.
Das Gebet hat eine

UNENDLICHE
KRAFT.

BETET OHNE UNTERLASS!

Es ist etwas Wunderbares, wenn der Geist des Gebets ein Menschenherz erfaßt, so daß über dem Leben eines Gläubigen geschrieben steht: Es ist ein Leben des Gebets, weil er alles, was er tut, betend tut.

Ich erinnere mich, wie es mich vor vielen Jahren, da ich solch ein Leben des Gebets noch nicht recht kannte, berührte, als ich bei meinem Reisedienst Zeuge einer kleinen Begebenheit wurde: Eine Frau schickte ihre junge Mitarbeiterin mit Frachtgut zur Bahn. Als sie gerade weggehen wollte, hielt die Frau eine Minute in ihrer Arbeit inne und faltete die Hände, um das Mädchen dem Segen des Herrn anzubefehlen.

Eine geringfügige Begebenheit – und doch zeugte sie davon: Diese Frau wußte von einem Gebetsleben, sie konnte nicht anders, als alle Dinge betend zu tun. Ja, ihr Leben war so sehr vom Gebet geprägt, der Kraftstrom des Gebets so stark in ihr, daß er in all ihrem Tun und Lassen durchbrach und sie mitten im Getriebe des Alltags innehalten mußte.

Das hat mich damals sehr getroffen. Wohl kannte ich die tägliche Morgenwache, da man dem Herrn alles hinlegt, doch dann konnte ich tagsüber sehr gut Besorgungen machen und dies und jenes in Angriff nehmen, ohne erst im Gebet still geworden zu sein – ja, oft war ich so gepackt von der Arbeit, daß eins das andere ablöste, ohne daß ich zur Besinnung kam oder, wahrhaftiger gesagt, ohne daß ich still wurde vor Gott.

So sagt uns dies kleine Erlebnis ganz schlicht von der einen Wahrheit: Unser Leben wird dann zu einem Gebetsleben werden, wenn wir es vor Gott leben, das heißt, wenn wir den Tag über immer wieder vor Ihm still werden, unsere Wege, Gedanken, Pläne, unser Vorhaben und Tun vor Ihm ausbreiten und alles unter Sein Leiten und Seinen Segen stellen. Das meinte wohl der Apostel Paulus, als er die Gemeinde in Thessalonich aufrief: Betet ohne Unterlaß!

Welch ein Vorrecht ist es, alles betend tun zu dürfen und damit nach ewiger Weisung, ständig auf die Befehle von oben lauschend. Wenn wir alles, was wir reden und tun, unter den Segen Gottes stellen, empfängt es ewigen Glanz und bringt Frucht. Doch wie wenig machen wir von diesem Vorrecht Gebrauch! Wundern wir uns, daß unser Reden, Erziehen, Arbeiten und vielerlei Beginnen so wenig Gutes wirkt? Nur ein Leben des Gebets ist ein fruchtbares Leben, denn es wird in inniger Verbindung mit Jesus geführt, und Er sagt:

> Wer in mir bleibt und ich in ihm, der bringt viel Frucht; denn ohne mich könnt ihr nichts tun. *Joh. 15,5*

Es ist nicht damit getan, daß wir morgens unseren Tag Gott im Gebet hinlegen – und dann den Tag über losgelöst von Ihm unseren Plänen, Arbeiten und Gedanken leben. Nein, Gebet ist das Atemholen der Seele, und Atem holen muß ich immer und immer wieder neu, sonst kann ich nicht leben. Ein Leben des Gebets führen heißt: Meine Seele redet über alles, was der Tag bringt, was an mich herangetragen wird, mit Gott, denn Beten ist Zwiesprache der Seele mit Gott.

Die betende Seele ist eine Seele, die bei Gott ist. Sie läßt sich nicht von Menschen und Dingen einnehmen oder beherrschen und geht nicht in ihnen auf. Vielmehr geht sie in Gott auf. Mit Ihm und von Ihm aus tritt sie an Menschen und Dinge heran. So ist der betende Mensch zugleich ein segnender Mensch, der alles, womit er in Berührung kommt, in die Gegenwart Gottes, unter Seinen Glanz und unter Seine segnenden Hände stellt. Ein segnender Mensch nimmt alles in die himmlische Atmosphäre mit hinein, daß es von ihr geprägt wird.

Ein Leben des Gebets ist geadelt durch ständige Zwiesprache mit dem heiligen Gott und darum in besonderem Sinn fruchtbar und gesegnet. Wer sein Leben so verbringt, der ist gottverbunden – ein Mensch des Friedens, der Stille und der Freude.

Es gibt Menschen, die zwar Gebetskämpfe führen können, und doch führen sie kein Gebetsleben. Ich kenne solche, die nach einem Gebetskampf gewissermaßen abschalten und in ihrem weiteren Reden und Handeln keine Gebetshaltung mehr einnehmen. Dann ist etwas nicht in Ordnung, denn die Heilige Schrift sagt: Alles, was ihr tut mit Worten oder mit Werken, das tut alles im Namen des Herrn Jesus (Kol. 3,17). Weil Er gestern, heute und in Ewigkeit derselbe und immer gegenwärtig ist, können wir, wenn es recht um uns steht, auch nur in ganzer Abhängigkeit von Ihm leben. Gott geht es bei uns nicht nur darum, daß wir in einzelnen Stunden in ein besonderes Gebetsringen eintreten – wenngleich das sicherlich nötig ist –, sondern es geht Ihm darum, daß unser ganzes Leben zu einem Leben des Gebets wird.

Ohne ein intensives Gebetsleben sind wir heute in dieser dämonischen Zeit verloren, preisgegeben all dem Niederdrückenden, den Anfechtungen und Leiden. Unbedingte Voraussetzung, jetzt Hilfe und Rettung zu erfahren, ist, daß wir innigen Kontakt mit Jesus und dem Vater haben, denn das Gebet verwandelt alles.

Gott ruft uns heute auf, unser Leben vor Ihm zu prüfen. Was füllt unsere Tage aus? Worum kreisen unsere Gedanken? Gilt für uns: Vor allen Dingen und zuerst Gebet? (1. Tim. 2,1)

Wer hier alles in der Zwiesprache mit seinem Herrn tat, wird auch droben in innigster Gemeinschaft mit Ihm wandeln dürfen. Wer aber kein Leben des Gebets führte, kann auch droben nicht in Gottes Gegenwart sein. Denn wir werden Ihm einst so nahe sein, wie wir Ihm hier nahe waren im Gebet.

Können wir uns Menschen vorstellen, die sich lieben, ohne daß sie Austausch miteinander hätten? Wenn wir Jesus lieben, werden wir alles mit

Ihm besprechen, alles im Gebet Ihm hinlegen. Ja, wir werden immer wieder zu Ihm hineilen und für jedes neue Vorhaben, für jeden neuen Weg Seinen Segen erbitten. Wieviel Segen haben wir uns in unserem Leben wohl schon entgehen lassen oder als Erzieher und Eltern den Kindern nicht gegeben, weil wir es nicht so wichtig fanden, unser ganzes Leben in Gemeinschaft mit Gott zu leben. Ob es darum oft so mühevoll, aufreibend und unglücklich ist? Gottes Segen macht reich ohne Mühe (Spr. 10,22), ja an Gottes Segen ist alles gelegen – ob unsere Arbeit gelingt, ob wir Zugang finden zu anderen Menschen und vieles mehr.

So sollten wir uns und unser Tun mehr segnen lassen und andere mehr segnen, anstatt daß wir oft viel Zeit darauf verwenden, alle Nöte und Schwierigkeiten zu besprechen und uns in Sorgen oder Ärger über Menschen oder Verhältnisse hineinzureden. Welche Kraft liegt in dem schlichten biblischen Segenswort:

> Der HERR segne dich und behüte dich;
> der HERR lasse sein Angesicht leuchten
> über dir und sei dir gnädig;
> der HERR hebe sein Angesicht über dich
> und gebe dir Frieden.   *4. Mose 6,24-26*

Oder ein freies Segensgebet: Der Herr segne dich auf deinem Weg, Er gebe dir Liebe und Weisheit, in Seinem Geist und Sinn zu reden und zu handeln, und bewahre deine Seele durch Jesu Blut vor allen Angriffen des Feindes.

Welch ein Vorrecht ist es, durch das Gebet unser sündiges, armes, kurzes Menschenleben in Gemeinschaft mit Gott dem Herrn leben zu können! Welch ein Vorrecht ist es, durch das Gebet den Segen des Allerhochsten herabholen zu dürfen; denn segnen heißt nach 4. Mose 6,27, den Namen Gottes auf einen Menschen zu legen. Im Namen Gottes liegt Sein Wesen, so daß bei jedem Segnen Seine Liebe, Weisheit, Wahrheit und Erlösungskraft auf uns herniederströmt.

Ach daß wir viel mehr Gebrauch vom Segnen machten und unser Leben sich dadurch in ein Leben des Gebets verwandelte! Dann würden wir nicht mehr so viel reden, tun und schreiben, was wir im Angesicht der Ewigkeit und des Gerichts aus unserem Leben wegwünschten. Dann würden wir alles, was uns bewegt, vor Jesus ausbreiten und zuerst mit Ihm darüber reden. Und Er, der die Liebe und Demut ist, könnte uns auf den Weg der Liebe und des Duldens weisen – den untersten Weg, auf dem der Segen Gottes liegt, der uns und andere und die Verhältnisse verwandelt.

O seliges Leben des Gebets – alles nur in der Vereinigung mit Jesus, dem Schönsten unter den Menschenkindern (Ps. 45,3) zu tun, eins mit Ihm in Dank und Bitte, Anbetung und Fürbitte, da die Seele jauchzt:

Mit Dir alles tun und alles lassen,
in Dir leben und in Dir erblassen,
das sei bis zur letzten Stund
unser Wandel, unser Bund!

Albert Knapp

Von dem verborgenen Gebetsumgang mit Gott solltest du als Sein Diener den Glanz der Gegenwart Gottes den Menschen mitbringen, dann bringst du ihnen den lebendigen Gott.

Vor allen Dingen aber
ergreift den Schild des
Glaubens, mit dem ihr
auslöschen könnt alle
feurigen Pfeile des Bösen.

Epheser 6,16

für den geistlichen Kampf

BETEN HEISST:

das Jubellied
        der Erlösung
anstimmen
über jeder Sünde –
denn ich bete
ja zu dem, der die
Macht der Sünde
am Kreuz bereits
        gebrochen hat.

Ja, in Deinen heilgen Wunden rot

ist gelöset jede, jede Not.

Dein Blut hat noch heute gleiche Macht,
uns durchströmt mit neuer Gotteskraft.

Und Dein Kreuz das Siegeszeichen ist,
da auch heut muß weichen Satans List.

Und Dein heilig Wort: „Es ist vollbracht!"
sagt mir, daß Erlösung Du gebracht.

Und Dein Ostersieg mir kündet an,
daß ich nun auch überwinden kann.

Und Dein leeres Grab uns eines sagt,
daß für uns ein neuer Morgen tagt.

Und Dein Sterben machte uns die Bahn,
daß die Seel gen Himmel gehen kann.

Alles hat Dein Blut für uns getan,
drum im Staube dankbar bet ich an.

Bete mehr
im festen Glauben
an den Sieg Jesu.
Wo der Sieg Jesu
ausgerufen wird,
weicht der Feind immer,
denn er kann den
Siegernamen Jesus
nicht hören. Und du
überwindest weit!

Litanei vom sieghaften Namen Jesus

Jesus,
der Du am Kreuz ausgerufen hast:
„Es ist vollbracht!" Du bist Sieger. Halleluja!

Jesus,
der Du die Werke des Teufels zerstört hast,
Du bist Sieger. Halleluja!

Jesus,
der Du bist siegreich auferstanden und lebst,
Du bist Sieger. Halleluja!

Jesus,
der Du bist der Durchbrecher aller Bande,
Du bist Sieger. Halleluja!

Jesus,
der Du bist der starke Erlöser,
Du bist Sieger. Halleluja!

Jesus,
der Du die Schlüssel der Hölle und des Todes
in Händen hast, Du bist Sieger. Halleluja!

Jesus,
der Du sitzest zur Rechten der Majestät
und herrschest über alle Deine Feinde,
Du bist Sieger. Halleluja!

Jesus,
der Du bist Heiland aller unserer Gebrechen,
Du bist Sieger. Halleluja!

Jesus,
der Du bist das Lamm Gottes,
das hinwegträgt die Sünden der Welt,
Du bist Sieger. Halleluja!

Jesus,
der Du für uns den Tod geschmeckt hast,
uns zu erlösen,
Du bist Sieger. Halleluja!

Jesus,
Du Gekreuzigter, dessen Blut rein macht von
allen Sünden,
Du bist Sieger. Halleluja!

Jesus,
der Du geliebt hast die Deinen bis ans Ende,
Du bist Sieger. Halleluja!

Wachet und betet,
daß ihr nicht in
Anfechtung fallt!

Matthäus 26/41

Mein Jesus,
hier will ich mich zu Dir knien
auf diesen Felsen
Deiner Todesangst und Qual.
Aus Liebe will beharren ich bei Dir,
wenn Du mich führen wirst
Durchs dunkle Tal.
Dir.

Bereitung auf schwere Zeiten

DIE AUF DEN HERRN HARREN, WERDEN NICHT ENTTÄUSCHT.

nach Jesaja 49,23

Herr, mache jetzt mich stark im Glauben,
laß fest mich Deiner Liebe,
die bewahren will, vertrauen,
der Liebe, die mit ihrer Hand die Seinen deckt.

Herr, nimm mir jede Angst vor Leid und Grauen,
laß mich auf Dich, o Jesus, immer schauen,
denn Du bist da, mein Helfer in der Not.

Laß mich die Stunde heute nicht versäumen,
laß mich am Abgrundsrande nur nicht träumen.
Mach täglich neu mich wach im Beten, Flehn,
auf daß uns Gnade möge noch geschehn.

Herr, lehre mich,
ein Leben des Gebets zu führn in dieser Stund,
daß in der Zeit des Grauens und des Todes
Gebet mir Hilfe bringt, zu Dir durchdringt.

Lehr mich, o Herr, schon heute
alle Freude allein in Dir zu haben,
auf daß in Not mein Herz Du kannst erlaben,
weil es mit Dir, o Jesus, ganz vereint.

Herr, lehre mich, jetzt so gebeugt,
reumütig im Gebet vor Dir zu stehen,
daß, wenn mein Auge
furchtbares Gericht muß sehen,
mein Herz an Deiner Liebe nicht verzagt,
sich nicht empöre, nicht verzweifle.

Herr, lehre mich,
zu brechen jede Bindung an das Irdische,
zu hassen jegliches Begehren
und alles Trachten nur nach eitlen Ehren,
daß in der Stunde der Bewährung
ich gelöst dann bin.   Amen.

Unser Herr Jesus Christus

tue alles mit mir, heute und morgen,
mit dem einen Ziel,
daß ich Dir treu bleibe.

Du läßt nicht versuchen über unser Vermögen,
sondern machst, daß der
Versuchung ein Ende gesetzt wird,
so daß wir's ertragen können.

Weil Du uns
diesen großen Trost gegeben hast,
mach uns bereit, mit Dir zu gehen,
wohin Du auch gehst –
unsere Hand so fest in Deine Hand zu legen,
daß uns kein Feuer und Schwert,
keine Qualen, kein Grauen
von Dir je trennen können.

Ich will nur Dich, will bei Dir bleiben,
Du heute so geschmähter, erniedrigter Herr,
Dir um so mehr Liebe
durch Treue im Leiden beweisen.

Amen

MUTTER MARTYRIA

Fürchtet Gott
und gebt Ihm
die Ehre,
denn die Zeit
Seines Gerichts
ist gekommen.
Betet an den,
der gemacht hat
Himmel und
Erde.

OFFENBARUNG 14,7

Ach, Vater,
lass Deine Welt
noch etwas
bestehn
und nicht Deiner
Schöpfung Schöne
vergehn.
Statt zu verderben,
wir wollen
lobpreisen.
MB

ROSSFELDALM 4.8.1960

Wenn **GOTT** für
uns ist,
für uns streitet –
der Allmächtige,
der Himmel und
Erde geschaffen hat –
wer oder was
kann uns dann
noch schaden?

ch liebe den HERRN, denn er hört die
Stimme meines Flehens.

Er neigte sein Ohr zu mir; darum will ich
mein Leben lang ihn anrufen.

Stricke des Todes hatten mich umfangen, des
Totenreichs Schrecken hatten mich getroffen; ich kam in Jammer und Not.

Aber ich rief an den Namen des HERRN:
Ach, HERR, errette mich!

Der HERR ist gnädig und gerecht, und unser
Gott ist barmherzig.

Der HERR behütet die Unmündigen; wenn ich
schwach bin, so hilft er mir.

Sei nun wieder zufrieden, meine Seele; denn
der HERR tut dir Gutes.

Denn du hast meine Seele vom Tode errettet,
mein Auge von den Tränen, meinen Fuß
vom Gleiten.

Ich werde wandeln vor dem HERRN im Lande
der Lebendigen.

Psalm 116, 1-9

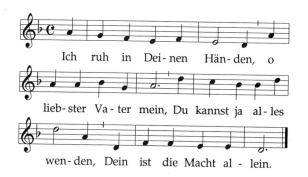

Ich ruh in Dei-nen Hän-den, o lieb-ster Va-ter mein, Du kannst ja al-les wen-den, Dein ist die Macht al-lein.

Ich ruh in Deinem Herzen,
das für mich liebend schlägt,
das kennt all meine Schmerzen,
mein Leid genau abwägt.

Ich weiß, daß Du wirst lenken,
was mir begegnen soll,
wirst mir an Leiden schenken,
wie's mir zum Heil und Wohl.

So kann mein Herz sich stillen
in aller Angst, im Leid,
ich ruh in Deinem Willen,
und das ist Seligkeit.

Am Tage sendet
der Herr seine Güte,
und des Nachts
singe ich ihm und
bete zu dem Gott
meines Lebens.

Psalm 42/9

Am Abend

Die Sonne sich hernieder senkt,
mein Herze Deiner nun gedenkt
in Liebe, Dank und Freude.
Du hast mich durch den Tag gebracht
und Stund um Stunde wohl bedacht
mit Deiner Hilf und Gnade.

Den Tag ich leg in Deine Hand,
und alle Sünd sei Dir bekannt,
mein Heiland und mein Richter.
Bedecke sie mit Deinem Blut,
das machet meinen Schaden gut,
und nimm mich auf in Gnaden.

Bereit mich auf den letzten Tag,
daß einstens ich bestehen mag,
wenn ich vor Dir erscheine;
daß ich dann ernten darf ohn End,
weil meine Tränensaat sich wendt
in selge Freud und Wonne.

✠

Wenn ich mich zu Bette lege,
so denke ich an dich,
wenn ich wach liege, sinne ich
über dich nach. Denn du
bist mein Helfer, und unter
dem Schatten deiner
Flügel frohlocke ich.
Meine Seele hängt an dir;
deine rechte Hand hält mich.

Psalm 63,7–9

In der Freude auf die himmlische Heimat

Mein Vater,

ich danke Dir , daß mir dieser Abend sagt: Mein Leben ist seinem Ziel, zu Dir in Deine Herrlichkeit heimkehren zu dürfen, ein Stück näher gekommen. Ich danke Dir, mein Vater, daß mein Lebensschifflein einem Hafen entgegenfährt, in dem ich ganz geborgen sein werde. Da wird meine Seele jauchzen, glückselig, daheim zu sein in der Stadt der goldenen Gassen, an Deinem Thron – und mein Herz darf Dich, den es liebt, schauen in Ewigkeit.

Ich danke Dir, daß Du mir durch das bittere Leiden und Sterben Deines Sohnes eine so wunderbare Heimat bereitet hast, in der ich ewig wohnen darf, frei von Sünde und Leid.

So laß mich heute abend einschlafen in der Freude auf diese himmlische Heimat, die mich erwartet, wo mein Herr Jesus in ewiger Schönheit wie die Sonne strahlt, der ganze Himmel ein Freudensaal ist und das Leben der Seligen *ein* Lieben.

Mein Herr Jesus, ich danke Dir, daß alles Leiden dieser Zeit, auch das, was heute mein Herz bekümmert, nicht wert ist, verglichen zu werden mit der Herrlichkeit, die uns droben erwartet und in der wir immer und ewiglich leben werden.

Das laß mir heute abend Trost sein im Gedanken an alles, was mein Herz belasten will. Ja, ich danke Dir, daß es gerade die Leiden sind, die mich bereiten auf Deine große Herrlichkeit, in die ohne Heiligung niemand eingehen wird.

So laß mich zielklar darauf zuleben und der keines an Leiden, Schwierigkeiten, Kampf und Anfechtung achten, auf daß ich das Ziel erlange als einer, der, durch Nöte und Kämpfe bewährt und verklärt in Dein Bild, bereitet wurde für die himmlische Heimat.   Amen.

Ich kehre heim zum Vater mein,
    der Tag, er ist beendet.
Mein Herz sich in das Deine senkt,
in großer Liebe an Dich denkt,
Abba, mein liebster Vater.

Du rufst mich heim, o Vater mein:
„Kehr wieder, Menschenkinde;
der Tag, er ist beendet nun,
in Fried und Freude sollst du ruhn
an Meinem Vaterherzen.

Bald kommt die Stund,
da kündt Mein Mund:
Komm heim, Mein Kind, zum Vater!
Beendet ist dein Lebenslauf,
die Heimat macht die Tore auf –
Sabbat für Ewigkeiten!"

O heilges Bild am Throne –
das Lamm in Vaters Schoß!
O rühmet mit, ihr Sünder,
den, der euch kaufte los!
Kommt, Sonne, Mond und Sterne,
fallt in den Lobpreis ein,
all Kreatur besinge
das Lamm im Glorienschein!

Der Jubelchor, das Preisen
am Thron nie enden will.
Ihr Stimmen, o anbetet
das Lamm, seid nie mehr still!
Den Thron umrausche Jubel
und Jauchzen tausendmal,
das Preisen Seiner Liebe
erreg den Himmelssaal!

Und mit dem Himmel singe
die Ihm erkaufte Schar,
ohn Unterlaß sie bringe
das Lob dem Lamme dar!
Der Mann der tausend Schmerzen
sei ihre Lieb allein,
des Leiden, Pein und Marter
sie ihre Lieder weihn.

Dem, der
auf dem Thron
sitzt, und
dem Lamm sei
Lob und
Ehre und Preis
und Gewalt
von Ewigkeit
zu Ewigkeit!

Offenbarung 5, 13

BILDNACHWEIS

*Ergänzend zum Thema dieser Schrift erschienen
im gleichen Verlag von M. Basilea Schlink:*

GEBETSLEBEN

*Ein Wegweiser zum persönlichen Gebet – praktische
Anleitungen und Gebete*

„Ihr Buch GEBETSLEBEN begleitet mich fast täglich. Es
enthält Gebete für so viele Lebenslagen – Gebete, die
das zum Ausdruck bringen, was man selbst als Sehn-
sucht und Erwartung hat."   (Norwegen)

39. Tsd.   176 Seiten   Kt

MEIN BETEN

Eine Gebetshilfe für den Alltag

„Sie haben mich für mein geistliches Leben als Christ
ausgerüstet. Jedesmal, wenn bei mir etwas nicht stimmt,
hole ich MEIN BETEN. Welch ein Glück, bei dem Hilfe
zu finden, der den Sieg errungen hat!"   (Burundi)

52. Tsd.   72 Seiten   Kt

MORGEN- UND ABENDGEBETE

Für jeden Tag der Woche

„Seitdem ich diese Morgen- und Abendgebete habe, ist
morgens meine Müdigkeit und abends meine Zerstreut-
heit wie machtlos geworden. Man betet auf einmal wie
von selbst, ja mehr noch: Es ist, wie wenn man liebevoll
an die Hand genommen und im Gebet geführt wird."
59. Tsd.   80 Seiten, graph. gestaltet   Gh

VATERGEBETE

Für alle, die Gott als Vater kennenlernen möchten

„Diese Gebete sind ein Zeugnis aus dem Leben und der persönlichen Erfahrung, daß Gott nur Liebe und Fürsorge ist, auch in Züchtigungen, und daß Ihm deshalb größtes Vertrauen, Liebe und Anbetung gebührt."

36. Tsd.   64 Seiten, graph. gestaltet   Gh

IM NAMEN JESU IST DIE MACHT

Gebete und Lieder für den Kampf des Glaubens

„So oft ist mir durch dieses Büchlein geholfen worden. Jedesmal, wenn ich vom Feind angegriffen werde, gebrauche ich das Siegesgebet. Dann werde ich befreit, und die Freude kommt in mein Leben zurück."

40. Tsd.   44 Seiten   Gh

In der gleichen Reihe erschienen:

VERTRAUENSBÜCHLEIN

„Welch eine Liebe, welch ein Trost kommt uns da entgegen, und wie sehr brauchen wir diese Stärkung in unserer immer dunkler werdenden Zeit."

36. Tsd.   64 Seiten, graph. gestaltet, mit Farbfotos   Kt

DIE KOSTBARE PERLE

„Dieses Büchlein hat ganz große Freude ausgelöst. Es liegt auf meinem Schreibtisch, und oft am Tage hole ich nur daraus einen kräftigen ‚Schluck', um die Last des Tages in Liebe zu kleiden und Jesus freudiger zu dienen."

41. Tsd.   64 Seiten, graph. gestaltet, mit Farbfotos   Kt